LETTRE

A

M. LE JUGE D'INSTRUCTION

DU TRIBUNAL DE CHALONS-SUR-MARNE

LETTRE

A

M. LE JUGE D'INSTRUCTION

DU TRIBUNAL DE CHALONS-SUR-MARNE,

SUR LE REFUS FAIT PAR CE MAGISTRAT D'ADMETTRE

LE SIEUR AYMARD ROLLET,

1° A confrontation libre avec les individus qui l'accusent ;

2° A faire un dépôt de garantie, de 25 à 50,000 fr., contre dépôt de pareille somme à effectuer par les parties plaignantes.

PARIS

IMPRIMERIE DE COSSE ET G.-LAGUIONIE,

RUE CHRISTINE, 2.

1841.

Monsieur le Juge d'instruction,

Un Mandat d'amener décerné par vous est venu me frapper au milieu de ma vie domestique et des travaux agricoles à l'aide desquels, jusqu'à ce jour, j'ai contribué à répandre quelque aisance parmi la classe ouvrière de la commune de Cannes.

Le 17 avril dernier, M. le juge d'instruction et un substitut de M. le procureur du roi du tribunal de Grasse, firent une descente chez moi. Agissant en vertu d'une commission rogatoire, ils m'exhibèrent un mandat d'amener décerné par vous ; avant de le mettre à exécution, ils me demandèrent si je m'opposais à ce qu'ils se livrassent à une perquisition de mes papiers et même des divers appartements de la maison que j'occupe avec ma famille.

Bien que je fusse et que j'eusse lieu d'être fortement étonné d'une démarche d'une telle nature, ma conscience tranquille n'avait point à en redouter les résultats ; j'étais évidemment la victime d'une erreur, d'une méprise ; je livrai moi-même à messieurs les officiers de la justice et tous mes papiers et toutes les clefs de mes appartements.

On me fit d'abord subir un intorrogatoire : je répondis sans hésiter à toutes les questions.—La visite de mes papiers ne conduisit à rien qui pût paraître suspect ni me devenir à charge.—La visite de tout mon mobilier ne produisit également rien qui fût de nature à me compromettre, et cependant, le scrupule des perquisitions fut tellement minutieux que M. le juge d'instruction crut devoir saisir quelques papiers sans importance directe et uniquement dans le but, je crois, de prouver ses recherches.

Durant le cours de cette perquisition, je n'avais cessé de signaler à M. le juge d'instruction tout ce qui était de nature à prouver que le mandat, par vous décerné, reposait évidemment sur une erreur de personne. Sa conviction favorable sur ce point, se formait successivement par la facilité avec laquelle je le mettais sur la voie de ce qui pouvait l'éclairer, et par l'absence absolue de preuves à charge résultant de ses investigations. Pour achever sa conviction, M. le juge d'instruction me proposa de me soumettre à une vérification d'un genre particulier, me prévenant lui-même que j'avais le droit de m'y refuser.—Fort de mon innocence, je répondis que j'étais prêt à le satisfaire sur tous les points possibles. Il me demanda alors de me laisser vérifier les jambes et les cuisses, pour reconnaître si, en plusieurs endroits, elles n'étaient pas fracturées. Quelque humiliante que dût me paraître une telle proposition, je n'hésitai pas à m'y soumettre, et M. le juge d'instruction eut toute liberté de se convaincre que mes membres, bien droits et dans leur état complétement normal, se prêtaient aussi régulièrement à démontrer l'erreur ou la méprise dont j'étais évidemment la victime.

Ce fut après de telles investigations que, frappé de la franche sincérité de mes réponses et de la fermeté que me donnait une conscience à l'abri de tout reproche, M. le juge d'instruction déclara hautement, en présence des hommes de police qui l'accompagnaient : « Qu'il « n'avait point pouvoir pour annuler le mandat décerné « par un magistrat d'un autre tribunal que le sien; que « s'il en avait été autrement, *il était probable* qu'il se « serait déterminé à le révoquer, n'ayant rien trouvé, « en moi ni chez moi, de nature à m'incriminer ou à « motiver la prévention dont j'étais l'objet. »

Cette déclaration fut faite chez moi; mais M. le juge d'instruction, ne crut pas sans doute suffisant de la renfermer ainsi à huis clos. Il la renouvela en ville, en présence de nombre de personnes étrangement étonnées de l'arrestation d'un homme qui s'occupait de travaux utiles au pays, et qui, dans toutes ses transactions, avait fait preuve d'une droiture et d'une loyauté sans reproche.

Les effets de votre mandat, Monsieur, ne pouvant être suspendus, je demandai l'autorisation d'être transféré à Chalons-sur-Marne, dans ma voiture et à mes frais, sous l'escorte de deux gendarmes; voulant en me rendant en poste près de vous, mettre un terme à une situation si pénible et qu'une confrontation me paraissait devoir faire immédiatement cesser.

M. le juge d'instruction dut en référer à M. le procureur du roi de Grasse, et ce magistrat, croyant de son côté ne pouvoir agir sans une autorisation supérieure, en référa aussitôt à M. le procureur général près la Cour royale d'Aix.—Je n'ai eu, en cette occurrence, qu'à me louer des égards et des bons procédés que m'ont accordés M. le procureur du roi, et M. le juge d'instruction de Grasse.—Mais, sans attendre la réponse de M. le procureur général, le lieutenant de la gendarmerie, voulut faire exécuter votre mandat d'amener et donna l'ordre de me déposer dans la prison de Grasse, pour être de là dirigé de brigade en brigade, sans doute, jusqu'à Châlons-sur-Marne.

J'eus assez à temps avis de cet ordre ; et, en présence d'un voyage à faire à pied, escorté de deux gendarmes comme un malfaiteur reconnu, durant un trajet qui devait entraîner trois ou quatre mois de route, je n'hésitai pas ; je résolus de me soustraire à l'action brutale de la force, pour venir librement et sans entrave, faire appel à votre justice.

Supposant mon transfèrement par voie de police judiciaire, M. le juge d'instruction de Grasse, magistrat généralement estimé par son savoir et sa haute impartialité, m'avait donné le conseil de vous écrire, Monsieur, aussitôt mon arrivée à Châlons, pour vous demander une confrontation immédiate avec mon accusateur, dans le but d'éviter que votre mandat d'amener ne fût converti en un mandat d'arrêt qui entraînerait une instruction plus ou moins longue, et dont l'effet d'ailleurs ne pouvait être détruit que par une ordonnance de la Chambre du conseil de votre tribunal.—Comme je n'ai aucune connaissance des matières judiciaires, peut-être je vous reproduis mal l'avis que me donnait un homme consciencieux ; mais ce que j'ai bien saisi du conseil qu'il me donnait , c'est que tant qu'un mandat d'amener existe seul contre moi , vous êtes seul aussi l'arbitre de la décision à prendre sur ma position : or, cette décision ne peut être difficile quand il ne suffit que d'une confrontation pour la déterminer.

J'étais prisonnier quand ce conseil m'était donné, je pouvais le suivre, étant privé de ma liberté ; j'avais pensé que je pourrais le suivre encore, alors que ma liberté ne souffrait plus des entraves qu'un lieutenant de gendarmerie avait voulu m'imposer.

La confrontation dont on m'avait donné le conseil vous a été demandée et vous me l'avez refusée. Votre refus a pour moi une portée trop grave, pour qu'après vous avoir donné toutes les explications qui précèdent, je ne proteste pas hautement et fortement contre la déplorable erreur dont je suis la victime, et contre le refus que vous avez fait.

Je proteste devant vous, Monsieur le Juge d'instruction, en raison de tous les motifs qui démontrent que, en ce qui me concerne, vous commettez une erreur.—J'irai plus loin encore : je protesterai et par la voie de la presse et par la voie de pétition aux Chambres, parce que le magistrat est homme, et l'homme n'est pas infaillible ; parce que la loi est vicieuse et violente ; et parce que je ne suis pas le malfaiteur que vous recherchez.

En 1838, j'avais été également l'objet d'une pareille méprise; mais demeurant dans la même ville que le plaignant, je fus conduit par-devant le juge de qui émanait l'ordre de mon arrestation ; l'erreur fut immédiatement reconnue, et, sans avoir subi aucun écrou, je fus prié d'accepter les excuses qui me furent faites. Désarmé par ces excuses, je ne conservai de cet événement qu'un souvenir pénible ; mais que serais-je devenu, si, au lieu de me trouver dans la même ville que le plaignant, j'eusse été, même sous la simple prévention d'un mandat d'amener, arrêté à deux ou trois cents lieues de distance? Il m'eût fallu traverser la France escorté de gendarmes, et de brigade en brigade subir l'humiliation et les fatigues d'un voyage plus ou moins long, pour faire constater, à la fin, que la justice ou le plaignant s'était trompé. — Des excuses eussent-elles été alors une compensation suffisante du préjudice matériel et moral que j'aurais éprouvé ?

Des erreurs de cette nature, Monsieur le Juge, ne sont pas assez rares pour être considérées comme difficiles à se produire et surtout comme impossibles dans le cas particulier qui m'a obligé à venir à Châlons.

C'est en ce moment, pour la première fois de ma vie, que j'ai vu les murs de cette ville, et j'ai peine à comprendre comment j'aurais pu, à 200 lieues de distance, et dans mon obscure retraite de Cannes, causer quelque tort au moindre de ses habitants.

J'aurais désiré, d'après le conseil que m'en avait donné M. le juge d'instruction de Grasse; j'aurais désiré vous voir consentir à ma confrontation libre avec ceux qui se sont posés, soit comme plaignants, soit comme accusateurs. — Cette confrontation, vous l'avez refusée ! — je me trouve alors dans mon droit de refuser de subir une détention préventive dont la durée, quelque minime qu'elle puisse être, serait un préjudice et une honte pour moi ; dont la durée n'est subordonnée qu'au hasard et aux lenteurs de l'information judiciaire, et qui, pouvant se prolonger pendant plusieurs mois, soit par l'absence motivée de l'un des plaignants, soit par toutes autres causes, aboutirait à un résultat de mise en liberté sans nulle compensation avec le tort que j'aurais éprouvé.

Libre à vous maintenant de procéder contre moi de même que contre un contumax ; mais veuillez bien croire que ce n'est point cette procédure qui suspendra mes plaintes. — Si je me suis soustrait aux rigueurs de votre mandat d'amener, je ne fuirai pas de la France comme si j'étais un criminel. J'y ai ma famille, mes propriétés, mes intérêts ; sans craindre d'en rien compromettre, j'élèverai bientôt la voix, parce que mon innocence doit parler aussi haut que l'accusation qui m'attaque sans me connaître. J'élèverai la voix pour faire connaître à M. le Ministre de la justice et aux Chambres, et les causes de l'erreur dont je suis la victime, et les vices de la loi en vertu de laquelle un citoyen peut être arraché à sa vie paisible, à ses affaires, à ses travaux, parce qu'il convient au premier inconnu de formuler, sur de vagues et insuffisantes données, une plainte contre lui.

Je ne me déclare en résistance contre votre pouvoir, que parce que votre pouvoir résulte d'un abus. La liberté individuelle manque de garanties. Vos jurisconsultes l'ont depuis longtemps reconnu, la Chambre des députés l'a plusieurs fois implicitement déclaré à l'occasion de la proposition de M. le baron Roger du Loiret. Si le Code impérial fait trop bon marché de la liberté du citoyen, le citoyen qui prouve être l'objet ou la victime d'une erreur judiciaire, serait trop faible de se soumettre sans résistance aux tyranniques dispositions de votre Code d'instruction criminelle de 1808.

Ma résistance n'est pas celle d'un réfractaire qui refuse d'obéir à la loi ; ma résistance est celle d'un citoyen blessé dans ses droits et dans ses intérêts, et qui, sans nulle réparation possible, est menacé de faire, pendant un laps plus ou moins long, le sacrifice de sa liberté, pour donner à quelques hommes, plaignants ou juges, le temps de reconnaître à loisir la vérité de ce proverbe : *Errare humanum est.* Il n'est jamais entré dans mes goûts de faire consacrer à mes dépens les maximes de la sagesse populaire.

Je lutterai pour conserver ma liberté, libre et indépendante. Cependant, je crois devoir vous faire connaître, Monsieur le Juge d'instruction, l'usage que je me propose d'en faire.

Avec un peu d'activité, et, grâce à Dieu, la Providence m'en a doué d'une portion dont jusqu'à ce jour j'ai su tirer parti ; avec un peu d'activité, il ne me sera pas difficile de me mettre sur la trace matérielle de l'erreur dont je me plains. — Je suis François Aymard-Rollet : ce dernier nom m'appartient du chef de ma mère ; je le porte par autorité de l'usage et d'un arrêt de la Cour royale de Lyon qui m'en a reconnu le droit ; je ne suis pas l'homme que vous recherchez et le seul dont vous

paraissez avoir besoin. Je n'ai point de membres fractu-
rés ; je ne suis évadé d'aucune prison. — Je m'engage à
recueillir les faits et les preuves propres à établir ma dis-
semblance de l'individu dont je ne suis pas le Sosie, mal-
gré une apparente homonymie ; et le jour où j'aurai recueilli ces preuves, sans hésiter et sans rien craindre de
votre pouvoir, je me présenterai devant vous. Alors il
me suffira d'invoquer votre justice, parce que je n'aurai
plus à redouter les rigueurs d'une détention préventive,
parce que je vous apporterai des preuves matérielles qui
rendront inutile toute information judiciaire dirigée
contre moi. C'est ici une question personnelle que je par-
viendrai à instruire sans avoir besoin de recourir au
Code d'instruction criminelle.

Mais en même temps, et à raison surtout des précau-
tions que me commande votre mandat d'amener, et du
préjudice qu'il me fait éprouver, de même que je proteste contre votre refus de me confronter librement avec
mon accusateur, de même je protesterai et devant M. le
Ministre de la justice et devant les Chambres parlemen-
taires contre le pouvoir exorbitant qu'une loi de violence
donne aux juges d'instruction, au mépris des droits, des
intérêts, du repos et de la liberté des citoyens. — C'est
ici une question de droit social ; victime d'une erreur
judiciaire, je veux, moi aussi après tant d'autres, porter
un coup qui ébranle la base de ce pouvoir, et peut être
serai-je plus heureux que mes dévanciers ; car, soyez-en
sûr, Monsieur le Juge d'instruction, ma pétition ne res-
tera pas sans écho, ni dans la presse, ni dans les Chambres, ni même dans le pays.

C'est par ces considérations, Monsieur le Juge d'instruction , que je proteste par ces présentes contre toute instruction, ordonnance, jugement où arrêt qui interviendraient contre moi sans que j'aie été entendu ; je proteste contre toute action de force ou de violence exercée sur mes biens, meubles ou immeubles. Je laisse à votre conscience de magistrat et d'homme de bien de prendre en considération les motifs ci-dessus développés, vous réitérant solennellement ici que vous ne ferez jamais un coupable de celui qui vous adresse ces lignes, et que les résultats définitifs de l'accusation tourneront à la confusion de ceux qui l'auront provoquée.

Je ne déserte pas le débat ; mais je n'accepte pas le cercle dans lequel on veut le circonscrire. — Si j'avais été coupable , non-seulement je ne réclamerais pas la confrontation qui vous a été demandée, mais j'aurais pu fuir depuis longtemps, car il y a plus de six mois que je suis instruit de la méprise que l'on vous fait commettre ; si j'avais été coupable, je n'aurais pas fait la proposition de déposer immédiatement de 25 à 50,000 fr., à charge par mes accusateurs de verser pareille somme, comme indemnité de ma liberté que je n'aurais pas hésité alors de confier à votre pouvoir discrétionnaire, voulant ainsi, et au moins dans le cas bien certain pour moi, où l'erreur aurait été reconnue, trouver dans la somme déposée par mes prétendus accusateurs, un légitime dédommagement du préjudice que m'aurait fait éprouver la détention préventive à laquelle je refuse de me soumettre sous le bon plaisir de quelques individus qui iront tranquillement parcourir leurs biens de ville ou de campagne (s'ils en ont), ou vaquer à leurs affaires en France ou à l'étranger, pendant que je gémirais en prison, attendant qu'ils trouvent le temps de venir re-connaître qu'ils se sont trompés !

Non, je ne déserte pas le débat, en n'acceptant pas le cercle dans lequel il est circonscrit. Je l'ajourne au temps où j'aurai, moi aussi, recueilli mes preuves contre ceux qui ont engagé l'accusation, et ce temps, soyez-en sûr, Monsieur le Juge, ne sera pas de longue durée. — J'ai trop à cœur et trop d'intérêt à mettre un terme rapide aux inquiétudes de la liberté que je me suis assurée, pour ne pas agir avec la plus grande activité que je pourrai développer.

Sous le mérite de cette protestation, je n'en suis pas moins, avec un profond respect,

Monsieur le Juge d'instruction,

Votre très humble et très obéissant serviteur,

François AYMARD-ROLLET.

Châlons-sur-Marne le 23 mai 1841.